方言聖句

津軽弁・大阪弁・沖縄弁篇

国吉 守
岩橋竜介
著

Forest Books

はじめに

私たちがいつも読んでいる聖書は、もともとヘブル語やギリシャ語で書かれていたものを日本語に訳したものです。おかげで私たちはいつでも母語で聖書のことばに触れ、意味を理解し、味わうことができるようになりました。ただ、もしこれをさらに一歩進め、それぞれのふるさとのことばに訳したとしたらどうでしょう？　生活に密着した、懐かしい響きをもって語られることばは、より味わい深く心に響くものとなるかもしれません。新約聖書のマタイの福音書は、イエスの弟子だったペテロのことばに、地方独特のなまりがあったと伝えています。イエスを三度否みつつも、その後、立ち直ったペテロは、命をかけて福音を伝える者となりました。ふるさとの響きを帯びた彼のことばは、聞く人々に福音がただの教えや理想論ではなく、自分たちのいのちに直結する事実であることを、情熱をもって伝えたに違いありません。

本書は月刊「百万人の福音」で二〇一六年から続く連載、「方言聖句」の中から、津軽弁、大阪弁、沖縄弁の三方言を取り上げてまとめました。すでに七年目に入ったこの連載

の記念すべき第一弾は、本書に収録された沖縄弁篇です。当時、執筆をご担当いただいた那覇バプテスト教会牧師・国吉守氏は、昨年天に召され、本書をお届けすることはかないませんでした。たいへん残念ではありますが、神様のみもとで、共に完成を喜んでくださっていると信じます。沖縄篇をまとめるに当たっては、冒頭の「沖縄地方のことば」の原稿を、国吉氏の後を引き継がれた、城倉翼氏にお寄せいただきました。戦時下、筆舌に尽くし難い苦難を通りながらも、イエス・キリストと出会い、その後の生涯を福音伝道にささげられた国吉氏のお人柄にも触れていただいています。合わせてお読みいただき、沖縄弁ことばの中に込められた、氏の平和への思いをも、共に感じていただけたら幸いです。

（「百万人の福音」編集部）

二〇二二年八月

各方言聖句の月刊「百万人の福音」掲載年

・津軽弁篇　二〇一九年
・大阪弁篇　二〇一七年
・沖縄弁篇　二〇一六年

目次

〔大阪弁篇〕

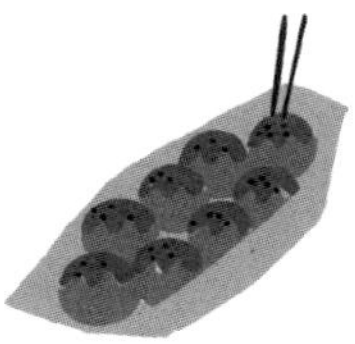

〔沖縄弁篇〕

Tsugaru

津軽弁篇

方言聖句（訳・文）：鎌田　新

津軽地方のことば

津軽の四季は、岩木山を望む鷹揚城《おうようじょう》（弘前城）の二千六百本の桜の薫りに始まる。ねぶた祭りで爆発する短い夏が終わると、神秘的な十和田湖と奥入瀬《おいらせ》渓流は徐々に紅葉に彩られ、やがて八甲田山麓にはスノーモンスター（樹氷群）の乱立する長く厳しい冬がやって来る。三方を海に囲まれた、世界自然遺産白神《しらかみ》山地を有するこの地は、縄文の昔から山の幸、海の幸に恵まれ、作家司馬遼太郎は「北のまほろば」と呼んだ。

津軽をテーマにした歌に、演歌歌手、石川さゆりさんが歌う「津軽海峡冬景色」がある。年末恒例の紅白歌合戦でおなじみの人も多いだろう。その歌い出しは、東京に出稼ぎに行った人々の帰郷のようすが描かれていて、「雪」「無口」「海鳴り」などのキーワードをちりばめた短いフレーズながら、津軽の風土と人の気質が如実に表されている。

さて、聖書のことばを方言に変換する利点の一つは、始めに書かれたヘブライ語やギリシャ語の原文のニュアンスがどんなものなのか？　という点に迫れること。

例えば祈るときの「アバ、父よ」。津軽弁だとそれは「とっちゃ！」であり、父なる神への親しみを込めたその響きは、読む者に原語の真意をよりダイレクトに伝えることができたりするのである。

ようこそ津軽弁訳へ！

① ピリピ人への手紙4章6節

なんも心配さねでよ、
どったときでも感謝の心ばもって、
おめだぢの祈りど願いば ささげで、
神様さ、 それば知ってもらえへ。

新改訳2017

何も思い煩わないで、あらゆる場合に、感謝をもってささげる祈りと願いによって、あなたがたの願い事を神に知っていただきなさい。

エッセイ

津軽弁篇

聖書は、何事も心配しないようにと教えています。ここでは、どんなときにも感謝しつつ、神に祈り願えと勧められています。実は、この「どんなときにも感謝しつつ」というところがミソなのです。人生には不愉快なことや歓迎できないことも多々起こるからです。日々の生活で心配や悩みは常に私たちの身近にあり、神を信じていない人々は、それらのために心を乱し、道を誤る場合もあります。その先には不幸と滅びが待ち受けています。

一方、心に常に感謝を抱いているなら、あらゆる人生の罠《わな》や危険から守られます。なぜならその人は、逆境さえも、神は将来の良い事に用いられるお方だということを確信しているからです。人生をまことの神に信頼して歩むなら、あなたの心や考えはキリストにあって守られ、抱えている問題も、人知を超えた神ご自身の方法によって解決に至ります。

新しい年を迎えるにあたり、この聖書のことばを読み、どんなときにも神に信頼し、感謝して歩もうと決意する方々の上に、神の平安と恵みが豊かにありますように。

ハレルヤ!

② コリント人への手紙第二 12章9節

したばって、主は、
「わ（わたし）の恵みだっきゃ、
おめさ十分だね。
力ってのは、弱い所にごそ、
完全に働ぐんだはんで」って
言ったんだじゃ。

新改訳2017

しかし主は、「わたしの恵みはあなたに十分である。わたしの力は弱さのうちに完全に現れるからである」と言われました。

エッセイ

津軽弁篇

人は、自分が弱く不利だと感じるときほど少しでも大きく、強く見せようと強がります。使徒パウロは、その険しく困難な伝道生涯から慮《おもんぱか》ると、まれに見る強い人物であったと推測されます。しかしながら、彼自身は、その〝強さの秘訣《ひけつ》〟について、むしろ自らの抱える〝弱さ〟に焦点を当てて語ります。すなわち、「私は弱い時にこそ、強い」と。これは、ある種のパラドクスにも聞こえますが、多くの苦闘を経たパウロに主が悟らせられたのは、力は弱さの中にこそパーフェクトに働く、という真理でした。

侮辱、苦痛、迫害など、あらゆる苦難に直面するたびに、キリストの力が彼の内に宿り、それらを克服してきました。それゆえ、もはや自らの弱ささえも喜んで受け入れ、誇るまでになりました。

「わたしの恵みはあなたに十分である」と語られる主のことばは、今を生きるキリスト者にとっても、また真理です。肩肘張って強がって生きていく必要はありません。むしろ、弱さの中に働いてくださる神の力に生かされて歩もうではありませんか。ハレルヤ！

③ 箴言 3章5節、6節

信頼せって主ば、おめの心の全部で。
自分の頭だげさ寄っ掛がってれば、まいね（ダメ）。
どごさ行っても、おめの出合う出来事の中さ、
主がどう働いでおられるが見定めろ。
そせば、主がおめの人生の道ば、
まっすぐにしてけるはんで。

新改訳2017

心を尽くして主に拠《よ》り頼め。／自分の悟りに頼るな。／あなたの行く道すべてにおいて、主を知れ。／主があなたの進む道をまっすぐにされる。

エッセイ
津軽弁篇

箴言《しんげん》とは、格言・教訓のことであり、旧約聖書中「知恵文学」として区分される文書の一つです。中でもこの箇所ほど、日々の現実の中で迷える者にとって、ハッキリと具体的に、しかも即座に適用できる指針を与えてくれる知恵のことばはありません。

聖書はまず、神に深く、そして全面的に信頼するように教えています。心の一部ではダメなのです。心のすべてで主に信頼することが要《かなめ》であり大前提なのです。それは、自分自身のこれまでの経験や知識、洞察や方法という名のフレームワークを一旦外し、目の前にある課題を、丸ごと主におゆだねする心の態度です。

主は休むことなく常に働いておられます。大切なのは、日々の生活において、主のみわざを認識し、主のみこころはどこにあるのかを見定めること。あとは、そのみわざに、私たちも乗っかってゆくのです。その時、迷路のような人生の道は、まっすぐなハイウェイへと姿を変えていくのですから。ハレルヤ!

④ イザヤ書 43章1節

もう、おっかながらなくてもいいんだ。
わ（わたし）が、おめの ごとば
贖《あがな》ったんだはんで。
わは、おめの名前っこば 呼ばってる。
おめだっきゃ、わのものだ！

新改訳2017

恐れるな。わたしがあなたを贖ったからだ。／わたしはあなたの名を呼んだ。／
あなたは、わたしのもの。

エッセイ

津軽弁篇

〝イザヤ〟とはヘブライ語で「主は救い」の意ですが、ヒエロニムス（五世紀初頭、ウルガータ訳聖書を翻訳）は、イザヤを指して旧約聖書中の福音的預言者と呼びました。

宇宙の創造者なる方が、親しみを込めて、ファーストネームであなたの名を呼んでおられるのがおわかりでしょうか。

神から離れ、彷徨《さまよ》っている人よ。神の愛は自分のような者には向けられはしないと、いじけている人よ。驚くなかれ、この聖句は創造主からあなたへの直接の語りかけなのです。神は、罪人であるあなたに、優しくこう言われます。あなたを既に贖《あがな》った、だから、もう恐がらなくてもよいと。贖うとは、代価を払って買うことです。買ったものは、支払った人のもの（所有）になるのは当然の理です。

私たちは、キリストの尊い血の代価によって、父なる神のものとされたのです。あなたがなすべきは、神がイザヤの口を通して預言させ、キリストの十字架において成就された、この救いのみわざの宣言―福音（Good News）―を信じ受け入れることのみなのです。ハレルヤ！

⑤ヨハネの福音書14章6節

わ（わたし）ごそが道であり、
まだ真理であり、
まだ命だ。
わば通らねば、誰も、
天のとっちゃ（父）のどご（所）さ、行ぐごとはでぎね。

新改訳2017

わたしが道であり、真理であり、いのちなのです。わたしを通してでなければ、
だれも父のみもとに行くことはできません。

エッセイ

津軽弁篇

「ああとも言えるが、こうとも言えるね」というのが今時の流儀。多元性と相対性の時代は、もはや真理とは何かを問わない。一方で科学万能、人生百年時代となる今も、人はどこへ向かっているのか、未知の道筋に確かなソリューションを見いだせないままだ。

ここにシンプルなことばで、しかし途轍《とてつ》もないことを語った方がおられる。「わたしが道であり、真理であり、命である」と。

通常、もし、誰かがこんなことを本気で言い出したとしたら、気が違ったと思われるのがオチである。また、もしこのことばが間違いであるならば、イエス・キリストとは人類をだます、大うそつきということになる。あなたが既にキリストにある者ならば、どの程度まで、このことばを信じているか自問されたい。あなたは、このことばを人間が語り得ることばだと思われるだろうか？　いや、これは人間が語ってよいことばではないのである。なぜならば、ここには神ご自身のアイデンティティと共に、我々の探してきた答えが明らかにされているからである。ハレルヤ！

⑥ エペソ人への手紙2章8節

信仰ば通して、
神様の恵みば受げ取ったはんで、
おめどは（あなたたちは）、
救われだ者だぢさ、なったんだ。

新改訳2017

この恵みのゆえに、あなたがたは信仰によって救われたのです。

津軽弁篇

「我思う、ゆえに我あり」とは、近代哲学の父、デカルトの命題だが、たとい人工知能(Artificial intelligence)が、今後いかに高度な進化を遂げようとも、〝それ〟は、あくまでも無機質なコンピュータ上のプログラムに過ぎず、生きる悩みも、死の問題も、〝ご当人〟にとってはまったくバーチャル(仮想)そのものである。対して、それらが切実にリアル(現実)なのは、血の通った有機的生命体であり、涙も流せば笑いもする、魂を宿した存在である我々人間にとってのみである。

不可解このうえないのは、優れた才能をもち、人々から称賛され、愛された人物たちが、キリストを受け入れないままに、この世を去って行くという事実だ。

救いは、善行にも知性にも、才能にも美貌にも、財産にも権力にも、功績にもよらない。人の魂を贖《あがな》うには、そんなものでは足りないのである。十字架上で流された神の御子《みこ》の聖なる血という、計り知れない犠牲だけが値する。そして、この驚くべき恵みは、幼な子のように受け入れ、信じる者にのみ賜わることを神は定められたのである。ハレルヤ!

⑦ イザヤ書40章31節

したばって、主ば待づ人は、
新しい力っこばもらって、
鷲《わし》みてぐ翼ば広げで、
上って行ぐんだじゃ。

新改訳2017

しかし、主を待ち望む者は新しく力を得、／鷲のように、翼を広げて上ることができる。

エッセイ

津軽弁篇

元号が変わり、平成から令和となった。多くの日本人は、このシンボリック（象徴的）な移行の瞬間を、新しい時代への幕開けと世代交代として捉えつつ、跨《また》いだことであろう。

それはまた、これからの時代をどう生き抜くべきか、少なからず考える機会ともなったはずだ。もし今、あなたが何らかの理由で、心の奥底に一縷《いちる》の望みもなく、心身共に疲れ果て、弱さと無力感とにさいなまれているとしたなら、この聖書のことばこそ、あなたへの癒やしの処方箋となる。

どんなに元気な人も、屈強な若者も、いつか人生の嵐に、疲労こんぱいして倒れるものだ。にもかかわらず、老若男女を問わず、神を待つ者は、新しい力を得て、鷲のごとく空に舞い上がる、と書いてある。

我々は待つことが、非常に苦手な時代に生きている。まして、目にも見えぬ神の助けを待つことなど、狂気の沙汰と考えるような、今の世に在って、〝しかし〟、神を待つなら、我々は力を得るのである。神が動かれるまで待つのである。そのような生き方をする人々にこそ勝利がある。ハレルヤ！

⑧ エレミヤ書17章9節

人の心だっきゃ、
ぐっと（すっかり）
あめでまって（腐っていて）、
どうもこうもなんねだね。

新改訳2017

人の心は何よりもねじ曲がっている。／それは癒やしがたい。

エッセイ

津軽弁篇

聖書は、人の心はどうしようもなく病んでいて、それは治らないと、ほぼ絶望的な見解を示している。その上で、ただ神のみが、それを癒やし、救うことができることを教える。

現代の社会生活において、心の病を訴える人々が増加の一途をたどっているが、その大きな要因の一つは、人間関係における自己評価の食い違いの問題である。

確かに、私たちは人の評価に翻弄され、時に落ち込んでは、時に傲慢になり、いつも上下左右に振られながら生きている。自分を実力以上に高く見なすのがHigh（意気揚々）な状態とするなら、必要以上に卑下するのがLow（意気消沈）な状態と言い換えてもよい。度を超した自己肯定は、極端な形をとると殺人へ、反対に自己否定が極まると自殺へと収束しかねない。

どうしたら、このようなアンバランスな呪縛から抜け出し、健全な心の状態を保って日々を暮らしてゆくことができるのだろう？

肉なるもの（人）を頼み（基準）とするのをやめ、確かで、揺らぐことのないお方を、自らの心の天秤の中心に据えて歩んで行くことである。ハレルヤ！

⑨ ピリピ人への手紙2章13節

志しば、
立でさせるのも、
実行させるのも、
おめだぢの（あながたの）人格さ、
働がれるのは、神様だんだ。

新改訳2017

神はみこころのままに、あなたがたのうちに働いて志を立てさせ、事を行わせてくださる方です。

エッセイ
津軽弁篇

今、あなたがもし、生活上の問題で危機的な状況にあるとしたならば……。知っていただきたいのは、この聖書のことばである。なぜなら、この箇所は私たちに、〝危機とは契機（チャンス）へと変わり得る〟という真理を悟らせるからだ。

いわゆるのるかそるか、というせっぱ詰まった局面において、人は自分自身を変えざるを得なくなることがある。危機そのものは、決して喜ばしいものではなく、むしろ深刻で、苦しいものなのだが、実は神が私たちのうちに最も強く働いて、人格的な変革と成長を促してくださるのは、このような時なのだ。

今あなたは、困難の只中《ただなか》におられますか？　神はあなたにもう一段の成長を促しておられ、あなたが自らの弱さや欠けに、気がつくことを望んでおられるのかもしれません。艱難《かんなん》が艱難でなくなるのは、それが過ぎ去った時ではない。むしろ、それを乗り越えていける自信と勇気を得た瞬間である。私たちを目覚めさせ、新しい志（ビジョン）を与えて、立ち上がらせてくださるのは神なのです。ハレルヤ！

⑩ マタイの福音書7章15節

ニセ預言者さ、気ぃつけろ。
あいづら（彼ら）は、
羊みてぐ、おめどさ（あなたたちに）
近寄って来るばって、
その実（じつ）、
飢えだ狼ど同じだはんで。

新改訳 2017

偽預言者たちに用心しなさい。彼らは羊の衣を着てあなたがたのところに来るが、
内側は貪欲な狼です。

エッセイ

津軽弁篇

この時代を、何にたとえたらよいでしょう？　振り込め詐欺、フェイクニュース、ハッキング……。人をだましたり、惑わしたり、偽ったり、操作したり……。手口は巧妙化し、装いも洗練された「羊の皮を被った狼」が、獲物を狙ってさまよっているような時代です。同様に、キリスト教会の二千年に及ぶ歴史もまた、内と外から忍び寄る異端との闘いの連続でした。パウロ自ら〝偽教師、偽兄弟の難〟に遭遇したと言っていますが、それは現代に生きるキリスト者にとっても、現実の脅威であることを認識しなければなりません。

絵画の世界では、真贋《しんがん》の問題は宿命的なリスクですが、信仰生活においても、最も危険で、だまされやすいのは、見分けがつきにくく、限りなく本物に似せられたフェイク（まがい物）の教えや、偽指導者なのです。

ですから、私たちも優れた画商のようになって、欺かれない霊的洞察力と判断力とを磨いていく必要があるのです。もしあなたが、神に捉えられている方なら、きっと神が心の眼を開いて、見分ける力を与えてくださることでしょう。ハレルヤ！

⑪ 詩篇49篇20節

なんぼ（どんなに）羽振りよくても、
物わがり悪りぃば、
くだばって行ぐ動物ど同じだべ。

新改訳
2017

人は栄華のうちにあっても　悟ることがなければ／滅び失せる獣に等しい。

エッセイ

津軽弁篇

横浜の港の見える丘公園の傍らに、開国以降、日本の土となった外国の人々が眠る墓地がある。その入り口の門柱に、ケンブリッジ大学の教授で詩人でもあったトーマス・グレイの有名な詩の一節が刻まれている。

美人の栄華　富豪の驕奢《きょうしゃ》
熟づれか無常の風に逢はさらん
栄光の路　向ふ所は墳墓のみ

人はいつまでも同じところに留まっていることはできない。その美貌も、財産も、名声も、死ぬときには、何一つもっていくことはできず、すべては墓で終わるのだ。

聖書は、この厳粛な人生の現実を悟らずに生きるのは、愚か者の所業であると教える。また、魂は贖《あがな》われる必要があるが、あまりに高価ゆえ、人は自分で代価を神に支払うことはできない、とも。唯一、それを可能とするのは神の御子《みこ》の義なる血の力のみである。

我々は、死という必ず訪れる現実を見据えながらも、御名《みな》を信じる者に約束されている復活による死への勝利と永遠のいのちへ入る確かな希望を抱き、与えられた日々を主と共に賢明に歩んで行けるのである。ハレルヤ！

⑫ 詩篇119篇71節

ひずねー（苦しい）思いしたのも、
今にしてみれば
かえってていがったんだじゃ。
そのおがげで、
主のみおしえがピンと来たもの。

新改訳2017

苦しみにあったことは　私にとって幸せでした。／それにより　私はあなたのおきてを学びました。

エッセイ

津軽弁篇

「苦しんだのは、かえって幸いだった」と、後から振り返って、しかも心から言い切れるというのはすごいことです。

おそらくこれは、つらい経験や失敗を通して、自らの落ち度を自覚、反省し、正しい道に舵《かじ》を切って歩みだした人にして初めて、言い得るセリフではないでしょうか。

よく「人生は出会いによって変わる」と言われますが、聖書は、私たちが出会う〝苦しみ〟さえも、神のみおしえの正しさを深く悟らせるためのものであり、もし私たちが、みおしえに立ち返って生きるなら、やがて幾千の金銀にも勝る祝福へと姿を変え、私たちを真に豊かな人生へと導いてくれることを教えているのです。ハレルヤ！

追伸：十二回の「方言聖句津軽篇」を通して、読書の皆様と共に、人生を根底から変える力をもつ、〝いのちのことば〟に出合い、霊肉共に守られ、成長できましたことを心から主に感謝致します。またいつかどこかでお会いする時を楽しみに。

へばな！（じゃあまた！/See you!/À bientôt!)

Osaka

大阪弁篇

方言聖句（訳・文）：岩橋竜介

大阪地方のことば

北・東・南の三方を山に囲まれ、西側に海が広がる三日月形の大阪府。古来から港湾都市として発展し、江戸期には全国へ物資を供給する「天下の台所」、対アジア外交の窓口の役割を担い、物と文化が交流する要衝だった。現在も、西日本の中心的都市として全国に多大な影響力をもつが、中でも「大阪弁」は、地元出身芸能人の活躍に伴い全国に普及し、今やテレビで耳にしない日はないほどになった。

大きく分類すると、大阪弁は摂津（北部）、河内（内陸部）、和泉（南部）の三方言に分けられる。これほど全国で親しまれるようになったのは、その特徴的なリズムとテンポの良さにあるだろう。

例えば、「違う」という意味の「ちゃう」一つとっても、よく使われるように「ちゃうちゃう」と繰り返すだけで、会話にリズムが生まれる。「ニッチョ（日曜）」「イヤンナル（嫌になる）」「ガッコのセンセ（学校の先生）」というような語尾の長母音の短化や、「知らんねん（知らないんだ）」や「かまへん（かまわない）」のように、文末に「～ん」「～

へん」とつくのも、テンポが刻まれて小気味良い。「なんでやねん（なぜなんだ）」は、芸人が多用していち早く全国区になったが、リズムある大阪弁と、「間」がいのちの話芸は最強の組み合せで、お笑いを日本が誇る文化の一つに押し上げたと言っても言い過ぎではないだろう。

商業の街としても、長く歴史を刻んだ大阪では、「いわはる」「やめはる」などの敬語表現や、相手を傷つけずにやんわり本音を伝えられる「しゃれことば」も発達した。ユーモアで心をつかみ、円滑な交渉をするための機知に富んだ大阪弁は、コミュニケーション力の粋を極めたことばと言えるかもしれない。

（「百万人の福音」編集部）

参考文献：『日本のことばシリーズ27　大阪府のことば』（編者代表　平山輝男、大阪府編者　郡 史郎／明治書院　一九九七）
『ひと目でわかる方言大辞典』（監修　篠崎晃一／あかね書房　二〇〇九）

① ルカの福音書1章30、31節

そないに　おとろしがらんでもよろしいやん、マリア。
じぶんな、神さんほんま
あんじょう　してくれはってんやで。
見てみ。
あんた　おなか大きなって、男のややこ　うみまんねんで。
なまえ、イエスゆうてつけなはれ。

新改訳2017

恐れることはありません、マリア。あなたは神から恵みを受けたのです。見なさい。あなたは身ごもって、男の子を産みます。その名をイエスとつけなさい。

エッセイ
大阪弁篇

一人の子どもが生まれるというのは、大変なことです。ましてや備えができていないなら、言うまでもありません。

ナザレの処女マリアに子どもの誕生が告げられました。御使《みつかい》による告知もそうでしたが、内容はさらに驚くものでした。男の子が生まれること。そして、その名も決まっているということ。「イエス――ヨシュア（神は救う）」という名前のギリシャ語表現です。名は体を表しました。男の子はすべての人の救い主としてお生まれになったのです。

なぜマリアだったのでしょうか？　御使はその理由を直接は語っていません。ただ、「神から恵みを受けた」のだと言いました。恵み――それを受ける資格がないにもかかわらず与えられること。大切なのは、受ける人以上に、与えてくださる方です。神の驚くべき恵みがここにすでに表されていました。そう、福音は恵みから始まったのです。

② マタイの福音書6章34節

そやから、あしたのことゆうて
心配することなんか いっこもおまへん。
あしたのことは あしたが心配しよりますがな。
なんぎなことは その日その日に
ぎょうさん あるんやさかい。

新改訳2017

ですから、明日のことまで心配しなくてよいのです。明日のことは明日が心配します。苦労はその日その日に十分あります。

エッセイ
大阪弁篇

古代ローマの詩人ホラティウスが「Carpe《カーペ》 diem《ディエム》……一日の（花を）摘め」と言いました。明日私たちの命があるかはわからないが、今日という日、今という時は与えられている。だから未来のことをあれこれ考えずに今を懸命に生きよ、ということです。

しかし、イエスが言われたのは、未来などわからないからそんなことをくよくよ考えないで、今だけを謳歌《おうか》せよというようなものではありません。全知全能の創造主を信頼し、第一に求めるときに、私たちにはわからなくてもこの方が最善をなしてくださる方だと信じるときに、今のことも、今日のことも、明日のことも未来のことも、全部含めて主が益としてくださることを信じ従うということです。

まずは「第一ボタン」を正しく留めること。そうすれば、どこかでつじつまが合わなくなるようなことは決してありません。

③マタイの福音書11章28節

しんどい人、
重いもん　背たろうてる人は、
皆わてのとこ　おいなはれ。
わてが　あんたら
休ましたるさかい。

新改訳2017

すべて疲れた人、重荷を負っている人はわたしのもとに来なさい。わたしがあなたがたを休ませてあげます。

エッセイ
大阪弁篇

近頃は疲れた人が多く、滋養強壮ドリンクがよく売れ、体の疲れを取ってくれるお店がはやっています。早朝から深夜までの仕事、忙しいライフスタイル、子どもたちも塾や習い事のはしごで疲れています。

体の疲れを癒やすものは巷《ちまた》にあふれていますが、心の疲れはどうでしょうか？　多くの責任に押しつぶされそうな心。頑張っても頑張っても良い方向に進まず、自暴自棄になっている心。生きる希望さえ見いだせずに絶望している心。さらには、その思いを誰にも言えない孤独感。

そのような人すべてに、主イエスは語ってくださいます。あなたが自分を癒やすのではない。私があなたを休ませるのだと。ただ、イエスのもとに行きさえすればいいのです。教会にもこの聖句が貼り出されて人々に呼びかけています。主は言われました。「すべて」の人、と。そう、あなたをも招いておられます。

④ マタイの福音書19章14節

せやけど、イエスは言わはった。
「かめへんがな。子どもら許したりいな。
そないに いけずせんと、
わてのとこ 来《こ》さしたりなはれ。
天の御国《みくに》ゆうもんは、
こないなもんらの もんやさかい」

新改訳2017

しかし、イエスは言われた。「子どもたちを来させなさい。わたしのところに来るのを邪魔してはいけません。天の御国はこのような者たちのものなのです。

エッセイ

大阪弁篇

子どもたちがすくすくと成長する姿ほどうれしいものはありません。体の成長。心の成長。知的成長。社会性の成長。道徳的な成長。しかし、これらのどれにもつながっている最も大切な成長、それこそ霊的な成長です。そのために大切なことは、昔も今も、子どもが主イエスのもとに導かれ、主イエスに触れていただくことです。

今、私たちはそのために何をしているでしょうか？ いや、子どもが主イエスのもとに行くことの妨げになってはいないでしょうか。私たちの祈る姿を見、賛美する姿を見、神のことばを聞く姿を見、献金する姿を見、奉仕する姿を見たとき、その姿は子どもが主イエスに近づく妨げになっていないだろうかと考えさせられます。まずは、私たちが日々主イエスのみそば近くに行くことから始めなければ。

⑤ マルコの福音書6章50節

せやけど、イエスは
じき彼らに話しかけ、
「しゃんとしなはれ。
わたいでんがな。
恐《こわ》がること　あらしまへん」と
言わはりましたんや。

新改訳2017

そこで、イエスはすぐに彼らに話しかけ、「しっかりしなさい。わたしだ。恐れることはない」と言われた。

エッセイ

大阪弁篇

私たちは皆、人生でどうしようもない恐れや苦しみの中でもがき苦しむときがあると思います。それまでの経験や培ってきた知恵、周りの人の助けをもってしても、如何《いかん》ともしがたい困難が襲ってくるのです。

嵐の湖で、イエスの弟子たちはまさにそのような状況でした。しかし、主イエスはそこにいてくださったのです。こんな時間に、そんな場所にいるはずがないと思える時に……暴風や荒波に左右されず、主はおられたのです。「しっかりしなさい」と言うことは誰にでもできるでしょう。しかし、「わたしだ（エゴーエイミ）」と言えるのは主キリストだけです。何にも依存せず、左右されず、ただご自分だけで存在することのできる唯一の神。かつてモーセに「わたしはある」とご自身を現された神だけが言えることばです。「もうだめだ」と思う私たちの人生の嵐の只中《ただなか》にもこの方は共にいてくださるのです。

⑥ヨハネの福音書14章2節

わての　お父ちゃんの家《うち》には、
住まいが　ぎょうさんおまんねん。
もし　あれへんかったら、
あんたらに　言うときましたやろ。
あんたらのために、　わてが
場所　あんじょうしに　行きまんねんで。

新改訳2017

わたしの父の家には住む所がたくさんあります。そうでなかったら、あなたがたのために場所を用意しに行く、と言ったでしょうか。

エッセイ
大阪弁篇

安心安全の「安」という漢字。家の屋根の下に女性がいる姿だそうです。屋根があることと、家があることは、安らぎの大きな要因だと思います。大きさや機能はともかくとして、住まいが備えられていることは、私たちの生活に平安を与えてくれます。

主イエスは、救われた者のために場所を備えに行くと言われ、天に挙げられました。それだけではなく、そこに私たちが行く道をも教えてくださいました。「わたしが道だ」と。

そう言って天に昇られてから、すでに二千年以上がたちました。しかし、六日間でこの美しい天地を造られた主が、二千年以上も私たちを待ち続けていてくださる天の住まいとは、どれほどすばらしいのでしょう。真の安らぎの住まいを待ち望みます。

⑦ヨハネの福音書15章5節

わてが　ぶどうの木で、　あんたらが枝でっせ。
人が　わてにとどまって、
ほんで　わてもその人の中に　とどまっとるんやったら、
そないな人は　ぎょうさん実ぃ　結びよりまんねん。
言うても、　わてを離れては、
あんたら　何《なん》も　でけしまへんよってに。

新改訳2017

わたしはぶどうの木、あなたがたは枝です。人がわたしにとどまり、わたしもその人にとどまっているなら、その人は多くの実を結びます。わたしを離れては、あなたがたは何もすることができないのです。

エッセイ

大阪弁篇

かつて、教会の敷地にぶどうの木が植わってました。少しずつ枝が伸び、やがて小さな実が生《な》るのを、窓越しに見ては楽しんでいました。子どもたちは、まだ熟していないにもかかわらず、待ちきれないで酸っぱい実を口に含んでは顔をしかめていたのを覚えています。ぶどうの木が幹からかなり離れていても、細い枝であっても実を結んでいる姿を見て教えられました。大切なのは、枝の太さや長さではなく、幹に結びついているかどうかだということです。

どんな奉仕をしているか、信仰歴が何年あるか、教会でどんな立場にあるかが実を結ばせるのではなく、幹である主イエスに結ばれているか、この方を信じて従っているかどうかということが、実を結ぶ秘訣《ひけつ》であると教えられるのです。

⑧マタイの福音書7章26、27節

わての言《ゆ》うこと聞いて　それを　ちゃんとやらん者《もん》はみな、
砂の上に家《うち》建てた　あほな者《もん》に　比べることができまんな。
雨降って、洪水が来《き》よって、
ほんで　風もびゅう〜言《ゆ》うて
その家《うち》に打ちつけたら、倒れてまいましてん。
そら、ざんない※もんでっせ。

新改訳2017

わたしのこれらのことばを聞いて、それを行わない者はみな、砂の上に自分の家を建てた愚かな人にたとえることができます。雨が降って洪水が押し寄せ、風が吹いてその家に打ちつけると、倒れてしまいました。……その倒れ方はひどいものでした。

※ざんない（慚ない）→むごい、見るにしのびない

エッセイ

大阪弁篇

地震や台風などの自然災害が多い日本に住んでいると気になるのが、建物がどんな基礎の上に建てられているかということです。どれだけ立派できれいな外観や、最新の設備の家や建物でも、土台がしっかりしていなければ、見るも無残に倒れ、壊れてしまいます。そしてそれは、私たちの人生や生活でも同様のことが言えるのだと主イエスはおっしゃいます。

まずは主のことばを聞くこと。しかし、聞くだけではなく、聞いてその命じられていることを信じて従うこと、主のことばを実行することが、しっかりした良い基礎の上に家を建てる賢い人なのだと教えています。さて、あなたの基礎は大丈夫ですか？　人生の嵐の前に点検してみてください。

⑨創世記11章4節

ほな、わてら町建てて、
ほんで、てっぺんちょが　天に届く塔こしらえて、
偉いさんに　なろやおまへんか。
わてら皆　あっちゃこっちゃに
散らされてもうたら、
どんならんさかいに。

新改訳2017

さあ、われわれは自分たちのために、町と、頂が天に届く塔を建てて、名をあげよう。われわれが地の全面に散らされるといけないから。

エッセイ

大阪弁篇

その高さを競うように、高層ビルやタワーが各所で建設されています。上から見ると優越感のような感覚が生まれてくるように思います。

神に創造され生かされているにもかかわらず、かつて人は、神のように支配する者になろうという高慢な思いになり、頂が天にも届かんばかりの塔を築こうとしました。結果として言語が乱れ、混乱がもたらされました。これは決して昔の聖書の時代だけではなく、今も同じではないかと感じます。今の時代も、人々は高ぶりの罪の塔を築いているのだと思います。

しかし、本当はいと高きところの御座《みざ》に座しておられるはずの真の神が、自らへりくだって人となり、仕える者となってこの世に降《くだ》ってくださったのです。「ことば」は人となって来てくださいました。救いを完成される唯一のお方として。

⑩ ルツ記1章20節

わてのこと、
ナオミゆうて呼ばんといとくれやす。
マラゆうて呼んどくなはれ。
全能者が、わてに
ほんまに　えげつないこと
しはったんやさかいに。

新改訳2017

私をナオミと呼ばないで、マラと呼んでください。全能者が私を大きな苦しみにあわせたのですから。

エッセイ

大阪弁篇

どうしてこんな大変な目に遭うのだろうか。なぜ、自分だけこんなにつらい思いをしなければならないのだろうか。いつまでこんなに苦しまなければならないのだろうか。

誰にでも、このような思いが心の中に生まれてきたことはあると思います。往々にして、苦しいときやつらいときにはその意味がわからずに、不安にさいなまれるものです。

モアブの地で、夫と二人の息子を亡くしたナオミが、喪失感とつらさの中でこのように語りました。しかし、その後のルツとボアズの出会い、そして二人が結ばれ祝福されていくことを通して、ナオミは、主はすべてのことを働かせて益としてくださる方であることを学ぶことができたのです。

今はわからないかもしれません。しかし、必ずその苦しみの意味がわかる時がくるのです。

⑪ ダニエル書3章18節

せやけど、そうならへんでも、
王様、よう聞いとくなはれや。
わてら　あんさんの神さんらに　仕えまへんし、
あんさんが立てはった
金の像を拝むなんちゅうことは、
絶対しまへんよってに。

新改訳2017

しかし、たとえそうでなくても、王よ、ご承知ください。私たちはあなたの神々には仕えず、あなたが建てた金の像を拝むこともしません。

エッセイ

大阪弁篇

キリスト者として生きることには大きな喜びがありますが、同時に、この現代に生きるにはさまざまな困難も伴います。たとえば、イエス・キリストを信じ従っていることをあからさまに非難され、迫害されることもあるでしょう。あるいは、ほんの少し妥協することを求められる場合もあります。少しだけ不正に目をつぶるように、一回だけ偶像に手を合わせるように、など。そんなときこそ、迫害を耐え忍んで十字架にかかってくださった主をおぼえます。

この箇所の前後によれば、ネブカデネザル王の勅令を聞いても、三人の主を信じる者たちの信仰は揺るぎませんでした。必ず、主は助けてくださる、と。彼らの信仰は「もしそうでなくても……たとえ主が助けてくださらなくても」の信仰へともう一歩進んだのです。そして、主は確かに救ってくださいました。この時代、私たちも「もしそうでなくても」の信仰で生きてゆきたいと願います。

⑫ ルカの音書2章6、7節

マリアは月が満ちて、男のややこ、
それも初の子　産みはりましてん。
ほんで、そのややこ布でくるんで、
飼い葉おけに寝かせはったんですわ。
なんでや言うたら、
宿にこの人らの　おる場所　あらしまへんでしたんや。

新改訳2017

マリアは月が満ちて、男子の初子を産んだ。そして、その子を布にくるんで飼葉桶《おけ》に寝かせた。宿屋には彼らのいる場所がなかったからである。

エッセイ

大阪弁篇

クリスマスになると、うれしい半面、少し寂しくもなるのです。それは、街中でクリスマスということばがあふれかえっているのに、その主人公である「イエス・キリスト」の姿が見受けられないからです。主人公のいない誕生日ほどむなしいものはないと思うのですが、それが今のクリスマスの現状かもしれません。

最初のクリスマスも、寂しさとうれしさが入り混じったものだったでしょう。聖霊によって身ごもり、いよいよメシア（キリスト、救い主）が生まれる不安。そして、誰もそれを歓迎するようすもない寂しさ。しかし、約束の救い主が生まれ、母の手に抱かれた喜び。この方を受け入れる人の少ない今の時代に祝われるクリスマス。いや、この時代だけではない、私の心はどうかと主は問われます。「あなたの心には私の産まれる場所があるのか、私を受け入れる部屋はあるのか」と。

Okinawa

沖縄弁篇

方言聖句：（訳）伊波普猷、国吉 守
（文）国吉 守

沖縄地方のことば

方言には標準語にない不思議な体温があります。方言を語る人の傍にいるだけで心が温かくなるものです。沖縄の方言（島ことば）は方言と呼んではいますが実際には全然別の言語のように感じます。しかし同時に不思議な共通点を感じる部分もあります。有名な「イチャリバチョーデー」＝「出会えば兄弟」、「ナンクルナイサー」＝「大丈夫、何事もない」などは語感だけで雰囲気が伝わってきます。他方「ニフェーデービル」＝「ありがとう」や「メンソーレー」＝「ようこそ」、「ウサガミソーレー」＝「どうぞ食べてください」など知らないと理解できないものも多数あります。余談ですが沖縄方言で豚のことを「ゥワー」と言います。変な表記になりましたが、「ワー」でも「ウワー」でもなく「ゥワー」という感じなのです。県外人である私はどうしてもこれを言うことができないのです。士師記十二章六節の「シボレテ」と「スィボレテ」が腑に落ちた瞬間でした。

沖縄方言を担当された国吉守牧師（故人・那覇バプテスト教会前牧師）はとても優しい人でしたが時間とことばに非常に厳しい人でした。婿として近くで見てきたので間違いありません。

国吉牧師はあの七十七年前の沖縄戦を生き残りました。しかしその時警官であった父親は軍人と間違えられ射殺され、食べ物を子どもたちにあげた母親は餓死し、戦争孤児となりました。その時親切にしてくれた米兵クリスチャンの影響で後にキリスト教信仰をもちます。このような前提をもつ国吉牧師だからこそ、生涯にわたり拘《こだわ》り続け語り続けたのは命の大切さであり、命を奪う戦争の愚かさでした。

思えば時間は人の命であり、ことばは命を左右する力です。先生の拘り続けた二つのことは命を大切にする姿勢であったと今にして思わされるのです。

（那覇バプテスト教会主任牧師　城倉翼）

① 箴言1章7節

神うすりーせー
むんなれーぬ基《むとう》

新改訳2017

主を恐れることは知識の初め。

※訳・伊波普猷《いばふゆう》

エッセイ

沖縄弁篇

神を恐れ敬うことが、物習い（むんなれーぬ＝学問）の基本である。その神がすべての学問の基本（基礎）であるということは、万物の創造主であられる真の神を信じることが学問をする者にとって心すべきことであることを教えている。

「はじめに神が天と地を創造された」という事実が、あらゆる学問と知識の大前提であり、総論である。科学、哲学、芸術、医学等はすべて「各論」として、真理を極めるのである。この宇宙、地球も神の作品であり、神のみわざである。日本の唱歌「美しき天然」や、聖歌の「輝く日を仰ぐとき」は神の創造の巧みなわざを見事に表現している。「美しき天然」は今でもふと口ずさむ歌である。

最高の芸術作品を見る思いで自然を見ると、まさに天然であり、神に対する畏敬の念が生じ、おのずと賛美と祈りと感動が湧いてくる。

②ローマ人への手紙8章31節

神がわったー味方
やれー
たーがわったーんかい
敵対ないが

新改訳2017

神が私たちの味方であるなら、だれが私たちに敵対できるでしょう。

エッセイ

沖縄弁篇

「わったー」は「私たち」、「やれー」は「であるなら」、「たー」は「誰」、「わったーんかい」は「私たちに対して」である。

小学生時代に皇民化教育を受け、六年生の時、沖縄戦で父母を失い、孤児院生活を体験した私にとって、戦争とはいったい何なのかを考える力もないまま混乱の中で戦後を過ごしていくうちに、何か新しい時代が開けた空気を感じた。

高校三年生の時、沖縄キリスト教団糸満教会に導かれ、与那城勇牧師のご指導によって初めて聖書を読み、キリストに導かれた。教会の交わりの中で、敵をも愛するキリストの愛と平和の福音がいかに絶大であるかが次第に私の心を捉え、人の命を殺す戦争ではなく、命を生かす平和こそ人類の希望であり、キリストを信じる者に敵はいないことを確かに信じるに至ったのである。

③ 詩篇139篇13節

雲上《うんじゅ》がわん内臓
造《ちゅく》てぃきみそーち
母ぬ胎ぬなーかうてぃ
組みてぃてぃ
きみそーちゃん

新改訳2017

あなたこそ　私の内臓を造り／母の胎の内で私を組み立てられた方です。

雲上は、尊敬を込めた神の呼び方であり、「わん」は「私」、「きみそーちゃん」は「してくださった」。

昔の母親たちは、胎児を天からの授かりものとして尊んだ。教会では神から預かったと説明し、目には見えない胎児を大切にしている。胎児は神が創造したから神の子どもであり、所有権は神にある。

両親には神の子どもを神と人に喜ばれる子として育てていく養育権がある。両親がその役割を正しく理解するとき、主のみこころにかなう子育てができる。親が自分の子だから自分の言うことに服従せよと強制すると問題が起きる。私にも娘がいるが、目も鼻も脳も、十万キロもある血管も絶対に作れない。

この聖句の作者、ダビデの告白こそ真実であり、この真理が家庭の危機やいじめ社会を変える力である。

④ローマ人への手紙10章17節

信仰やちちるくとぅから始まい、
ちちるくとぅや
キリスとぅに
ちーてぃぬうくとばん
かいゆいん

新改訳2017

信仰は聞くことから始まります。聞くことは、キリストについてのみことばを通して実現するのです。

信仰は聞くことが基本であると教えている。聞くことも、「聴」で聞くことが必要である。「聴」とは、耳+目（四を横から見て）、そして心（霊）で、聴くことである。

キリストは歴史的に偉大な人物であり、奇跡をもってなされた多くの神の愛のみわざを知り、説教によって感動することは大切である。しかし、主が十字架上で「父よ。彼らをお赦《ゆる》しください」と祈ったのは、ただローマ兵だけのためではなく、そこにいたすべての人のため、否、全人類のためであった。そこに、私もいた。

ローマ兵は、槍で主を殺したが、主は私の不信仰、自己中心等の罪の身代わりの死を遂げられたことを思うと、「もう何も言えない、ただ主よ感謝します」と心を注ぐだけである。やはり理性や納得の上をゆく信仰こそ主が望む、神との永遠のパイプなのである。

⑤ローマ人への手紙1章16節

わんねー福音や　恥とー思《うむ》やびらん
福音やユダヤ人《じん》はじみ
ギリシァ人《じん》ぬんかいん
信じるすぶとぅぬ人《ひと》に
救いむたらす
神ぬ力やいびーん

新改訳2017

私は福音を恥としません。福音は、ユダヤ人をはじめギリシア人にも、信じるすべての人に救いをもたらす神の力です。

エッセイ

沖縄弁篇

福音とユダヤ人との関係は深く、最初にアブラハムが神を信じて義とされ、その子孫であるユダヤ人が選民となり、聖書の神とメシアの救いを全世界に示す使命が与えられた。しかし、彼らは偶像礼拝に陥り、メシアを否定し、キリストを十字架につけた。そのため教会もユダヤ人に「キリスト殺し」のレッテルを貼り、彼らを憎悪し、迫害し、ホロコーストに追いやった。

しかし、神は「わたしの目には、あなたは高価で尊い。わたしはあなたを愛している」（イザヤ43・4）とユダヤ人に語り、世界から選民を祖国に集めると約束して、実際にイスラエルを建国された。神は選民と教会が一つになって神の国を形成することを望み、十字架によって敵意を葬り去り、福音が神の力であることを示された。

⑥マタイの福音書4章4節

人《ひとぅ》やパンびけーし
いちちるむのーあらん
神ぬ口からんじーる
てぃーちてぃーちぬ
くとぅばんかいるゆいる

新改訳2017

「人はパンだけで生きるのではなく、神の口から出る一つ一つのことばで生きる」

エッセイ

沖縄弁篇

人間が生きるためにパンは必要であり、主は決してパンの重要性を否定しておられない。しかし、パン（物質文明）だけを中心に求めるのは間違っている。動物はパンだけでよいだろうが、人間は霊なる神のかたちに似せて造られた霊的存在なので、人間の心はパンだけでは決して満足しない。人間の霊は自分を創造してくださった神のことば、受肉されたキリストを求めている。人間はキリストに出会って初めて罪赦《ゆる》された魂の真の平安を得て神の子どもとなる。サタンはイエス様さえパンで誘惑した。しかし、主はパン以上の神のことばがあると一喝された。

今日、私たちの世界はスポーツ界、芸能界等すべてパンで評価されている現実を見るとサタンの挑戦は今も続いていることがわかる。今こそ神のことばの勝利を確信し宣言しよう。

⑦ペテロの手紙第一 1章24、25節

くさやしうりてぃ、
はなやちるん。
やしが、
しゅぬうくとぅばや、
いちまでぃん
かわるくとーねーらん。

新改訳2017

草はしおれ、／花は散る。／しかし、主のことばは永遠に立つ

エッセイ

沖縄弁篇

これは聖書 新改訳二〇一七では「草はしおれ、／花は散る。／しかし、主のことばは永遠に立つ」となっている。その前には「人はみな草のよう。／その栄えはみな草の花のようだ」とある。

栄枯盛衰は世の常であり、天下人となった豊臣秀吉の辞世の句も「……難波《なにわ》のことも夢のまた夢」であった。かのナポレオンも、剣で世界を征服しようとしたができなかった。彼は、愛で世界に勝利した主に、「ナザレのイエスよ、汝《なんじ》、我に勝てり」と告白した。

歴史に残る偉人たちの名句・名言なども、聖書の真理や神のことばによってその真価が問われなければならない。なぜならば、とこしえに変わることのないのは主のことばであり、永遠の真理だからである。主のことばは変わらないどころか、時代が進むにつれてますますそのいのちの光が輝き、世界を照らし、人類に反省と悔い改めを問いかけている。いのちのことばに生かされている私たちは、なんと幸いなことか！

⑧ コリント人への手紙第一 13章13節

あんやくとぅ、
いちまでぃんぬくいるむんや、
しんこうとぅきぼうとぅ　あいやいびーん。
うぬうち、いちばん　すぐりとーせー、
あいやいびーん。

新改訳2017

こういうわけで、いつまでも残るのは信仰と希望と愛、これら三つです。その中で一番すぐれているのは愛です。

エッセイ

沖縄弁篇

地上で目に見えるものは消えてなくなるが、いつまでも残る永遠の宝は信仰と希望と愛である。「信仰」は神に信頼することであり、頼ることのできるすべてがなくなっても、主（神）は生きておられるので、どこまでも頼れるお方なのである。

「希望」は、この世の罪を解決し、死を克服された主にある。主は、私たちを罪と死の絶望から救い、暗闇の恐怖から喜びと感謝あふれるいのちの光へと移してくださった勝利の主である。だから私たちもダビデと共に「私の望み　それはあなたです」（詩篇39・7）と告白しよう。そして、「愛」は偏見も差別も他者との比較もなく、すべての人を愛する愛である。自分に好意をもつ人を愛し、敵視する者を憎むのが人の愛であるが、敵をも愛し、呪う者を祝福する主の愛こそ、永遠でいちばん尊いのである。

⑨ 箴言 3章5節

くくるちくち、
しゅにゆりたぬみ。
どぅぬかんげーんかい
たゆるな。

新改訳2017

心を尽くして主に拠《よ》り頼め。／自分の悟りに頼るな。

聖書が示す世界唯一の創造主で、全知全能の神は、罪と死の暗闇から人類を救出するためにいのちを懸けておられる。それほど神の愛が人類に向けられているのである。

アダムとエバは神のことばに頼らず、自分の考えでサタンのことばが正しいと判断して罪を犯した。神のことばは、自分の判断ではなく、常に主に頼れと戒めている。にもかかわらず、人間は神のことばに従わず、自分で判断して罪を犯し、今も犯し続けている。

一〇九五年に教会は聖地解放の目的で十字軍の派遣を決定したが、それは主のみこころであったかが問われる。キリストは教会のかしらであられるのに、主に聞かず人間の会議が決定した。主は「剣を取る者はみな剣で滅びます」（マタイ26・52）と宣言しておられるので、もし主に聞けば、十字軍派遣はなかったと思う。主のことばに従うことは時代を越えた重大なことである。

⑩ マタイの福音書 24章35節

くぬてぃんじーや、
ふるでぃいちゅん。
やしが、わんくとぅばや
ちしてぃ、
ふるびるくとーねーん。

新改訳2017

天地は消え去ります。しかし、わたしのことばは決して消え去ることがありません。

エッセイ

沖縄弁篇

主イエスはマタイの福音書二十四章で、この世界の終末について語り、そのしるしとして地震などの災害、民族間の対立、戦争の続発、また、人間の愛が冷えることなどを告げている。

今日の世界はまさに、この終末の預言どおりであり、私たちはその中で生きている。滅びるこの世界に永遠はない。この世界に私たちを救い得る何物もない。私たちを滅びの世界から救い得るのは、ただキリストによるのである。

主の「わたしのことばは決して滅びることがありません」（新改訳第三版）ということばにこそ、私たちの永遠の希望がある。人類の救いは、この永遠の福音であり、永遠のいのちである、主イエスのことばにある。「神の国が近づいた。悔い改めて福音を信じなさい」（マルコ1・15）と語られたイエス様のことばこそ、神の国の実現であり、今、私たちが真剣に受け止めるべきことばである。

⑪ マルコの福音書 16章15節

ぜんせかいんかい
んじてぃ いち、
すびてぃぬ
ちゅくらっとーる ちゅんかい、
ふくいんどぅ
ぬびてぃ いちんどう。

新改訳2017

全世界に出て行き、すべての造られた者に福音を宣《の》べ伝えなさい。

エッセイ
沖縄弁篇

福音こそ人類究極の希望であり、救いである。福音とは、神の愛が徹底して現れている永遠のいのちである。神のみこころは、すべての人が救われて、この永遠のいのちを受けることである。

しかし現実には、まだ救われていないで、キリストの十字架と復活の限りなき愛に、導かれていない人々が多くいる。これらの人々を救いに導くために、主は私たちを用いようとしておられる。私たち人間の力では、とうていできない。しかし、神にはできないことはない。一人一人が聖霊の器となり、神の力となるならば、不可能ではない。

今は、ピンチをチャンスに変える時である。主は、「時は満ちた」と言っておられる。今こそキリスト者が一体となって、大宣教命令※を実践し、聖霊に満たされた聖徒たちの働きを主は祝福し、栄光のみわざを現される。

※十字架刑に処せられたイエス・キリストが、復活後、弟子たちの前に表れ、天に昇られる直前に語った宣教命令のこと。「あなたがたは行って、あらゆる国の人々を弟子としなさい。父、子、聖霊の名において彼らにバプテスマを授け、わたしがあなたがたに命じておいた、すべてのことを守るように教えなさい」（マタイ28・19、20）、「全世界に出て行き、すべての造られた者に福音を宣べ伝えなさい」（マルコ16・15）

⑫ マルコの福音書 1章15節

とぅちやみっち、
かみのくにや
ちかくなとーん。
くいあらたみてぃ
ふくいんどぅ しんじんどー。

新改訳2017

時が満ち、神の国が近づいた。悔い改めて福音を信じなさい。

エッセイ
沖縄弁篇

時が満ちたとは、ご再臨の近い終末の時である。主は歴史の主であり、ご自分のみこころによって人類救済のみわざを導いておられる全知全能の主である。主のご再臨も、今はあの第一声の時より少なくとも二千年近くなっている。

今や主の聖徒たちは再臨に向けて、ここで四つの段階を勧めておられる主のことばを真剣に受け止め、ご再臨に備えるべきである。

第一は再臨の時が満ちたということ。第二は神の国が近くなったということ。第三は悔い改めるということ。第四は福音を信じるということである。世界で毎年行われているクリスマスはキリストの誕生の祝いであり、キリストこそ人類のメシアであることの証《あか》しである。この、世界最大の祭りであるクリスマスの本当の意味を伝え、内容を証しするのは私たち聖徒の使命であり、特権であり、大きな喜びである。